Erizo pigmeo africano

Julie Murray

Abdo Kids Junior es una subdivisión de Abdo Kids
abdobooks.com

Abdo
ANIMALES MINIATURA
Kids

abdobooks.com

Published by Abdo Kids, a division of ABDO, P.O. Box 398166, Minneapolis, Minnesota 55439.
Copyright © 2021 by Abdo Consulting Group, Inc. International copyrights reserved in all countries.
No part of this book may be reproduced in any form without written permission from the publisher.
Abdo Kids Junior™ is a trademark and logo of Abdo Kids.

Printed in the United States of America, North Mankato, Minnesota.

102020

012021

THIS BOOK CONTAINS
RECYCLED MATERIALS

Spanish Translator: Maria Puchol

Photo Credits: iStock, Shutterstock

Production Contributors: Teddy Borth, Jennie Forsberg, Grace Hansen

Design Contributors: Christina Doffing, Candice Keimig, Dorothy Toth

Library of Congress Control Number: 2020930683

Publisher's Cataloging-in-Publication Data

Names: Murray, Julie, author.

Title: Erizo pigmeo africano/ by Julie Murray

Other title: African Pygmy Hedgehog. Spanish

Description: Minneapolis, Minnesota: Abdo Kids, 2021. | Series: Animales miniatura | Includes online
    resources and index.

Identifiers: ISBN 9781098204174 (lib.bdg.) | ISBN 9781098205157 (ebook)

Subjects: LCSH: African pygmy hedgehog--Juvenile literature. | Hedgehogs--Juvenile literature. | Animal
    size--Juvenile literature. | Spanish language materials--Juvenile literature.

Classification: DDC 599.33--dc23

Contenido

El erizo pigmeo africano

Este erizo es el más pequeño del mundo.

Mide 6 pulgadas (15 cm) de largo. Pesa 1.5 libras (0.7 kg).

Vive en África. Puede encontrarse en las **sabanas** y también en el desierto.

Tiene **púas** en la espalda.
Su cara, patas y panza
están cubiertas de pelo.

Tiene los ojos y las orejas pequeñas. Las patas y la cola son cortas.

Su hocico alargado le ayuda
a encontrar comida.

Puede hacerse una bola.

Así se protege del peligro.

Duerme durante el día.

Come por la noche.

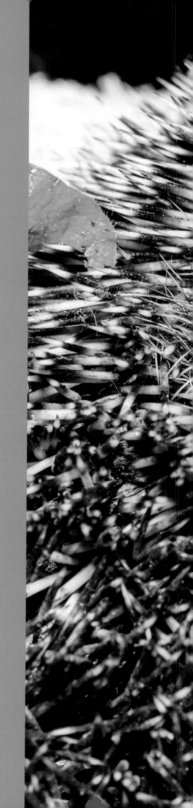

Le gusta comer insectos.
También come ratones
y gusanos.

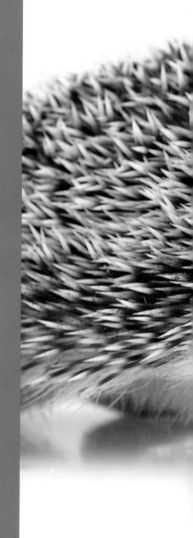

¡Vamos a comparar!

erizo pigmeo africano

erizo europeo

Tamaño: 6 pulgadas (15 cm)
Peso: 1.5 libras (0.7 kg)

Tamaño: 10 pulgadas (25 cm)
Peso: 2.4 libras (1.1 kg)

Glosario

púa
material duro, afilado, con forma de
pelo que cubre el cuerpo de un erizo.

sabana
llanura cubierta de hierba y con pocos
árboles. Hay sabanas en África y en
algunas regiones tropicales.

Índice

Abdo Kids
ONLINE
FREE! ONLINE MULTIMEDIA RESOURCES

¡Visita nuestra página **abdokids.com** y usa este código para tener acceso a juegos, manualidades, videos y mucho más!

Los recursos de internet están en inglés.

Usa este código Abdo Kids

MAK8787

¡o escanea este código QR!